Símbolos de libertad

El Álamo

Ted y Lola Schaefer

Heinemann Library
Chicago, Illinois

Designed by Richard Parker and Mike Hogg Design
Illustrations by Jeff Edwards
Translation into Spanish produced by DoubleO Publishing Services
Originated by Chroma Graphics (Overseas) Pte.Ltd.
Printed and bound in China by South China Printing Company

10 09 08 07 06
10 9 8 7 6 5 4 3 2 1

Library of Congress Cataloging-in-Publication Data
Schaefer, Ted, 1948 [Alamo. Spanish]-
  El Alamo / Ted y Lola Schaefer.
    p. cm. -- (Símbolos de libertad)
  Includes bibliographical references and index.
  ISBN 1-4034-6685-8 (hb : library binding) -- ISBN 1-4034-6689-0 (pb)
  1. Alamo (San Antonio, Tex.)--Juvenile literature. 2. Alamo (San Antonio, Tex.)--Siege, 1836--Juvenile literature. 3. Texas--History--To 1846--Juvenile literature. 4. San Antonio (Tex.)--Buildings, structures, etc.--Juvenile literature. I. Schaefer, Lola, 1950- II. Title. III. Series.
  F390.S3318 2006
  976.4'03--dc22
                                    2005026889

Acknowledgments
The publishers would like to thank the following for permission to reproduce photographs:
Art Archive/ National History Museum Mexico City/ Dagli Orti p. 10; Bridgeman Art Library pp. 19, 17 (Private Collection, Roger-Viollet, Paris); Corbis pp. 4, 21, pp. 14 (D. Boone), 16, 20, 29 (Bettman), 23 (Hal Lott), 27 (Lowell Georgia), 13 (Sandy Felsentha); Getty Images pp. 11, 18 (Hulton Archive); Mary Evans Picture Library p. 5; Peter Newark's Americana Pictures pp. 7, 8, 9, 15, 22, 24; Picture Desk/ Kobal p. 12; Popperfoto pp. 25, 28.

Cover photograph of the Alamo reproduced with permission of Corbis (Randy Faris).

Every effort has been made to contact copyright holders of any material reproduced in this book. Any omissions will be rectified in subsequent printings if notice is given to the publishers.

The publishers and authors have done their best to ensure the accuracy and currency of all the information in this book, however, they can accept no responsibility for any loss, injury, or inconvenience sustained as a result of information or advice contained in the book.

Algunas palabras aparecen en negrita, **como éstas.**
Puedes averiguar lo que significan en el glosario.

Contenido

El Álamo

El Álamo es un **santuario** famoso en San Antonio,
Texas. En 1718, los españoles construyeron una
misión allí. Les enseñaron a los indígenas
norteamericanos sobre **religión** y agricultura.

Mucho más tarde, los texanos usaron El Álamo como un **fuerte**. En 1836, lucharon contra México por su **libertad**. Esta lucha se llamó la Batalla de El Álamo.

Los colonos viajan al Oeste

Clave:

- Anexado por los Estados Unidos en 1836, se convierte en el Estado de Texas
- Territorio perdido a los Estados Unidos
- Frontera del México actual

ESTADOS UNIDOS

OCÉANO PACÍFICO

Territorio de Texas

Golfo de México

MÉXICO

AMÉRICA CENTRAL

N

0   500 millas
0   400   800 kilómetros

A principios del siglo XIX, México poseía una tierra llamada Territorio de Texas. Allí vivía poca gente. Se animaba a los **colonos** a venir y comprar tierras.

Los colonos podían comprar más de 4,000 **acres** de tierra por $30. Podían cultivar y tener ganado. Gente de todo el país se mudó a Texas.

Texanos divididos

Stephen Austin condujo a muchos **colonos** a Texas. Al principio estaban contentos viviendo bajo dominio mexicano. Estos colonos se llamaban el "Partido de la Paz".

Otros colonos no estaban contentos viviendo bajo dominio mexicano. Esta gente quería la **independencia**. Ellos formaron el "Partido de la Guerra", dirigido por Samuel Houston.

El general Santa Anna

El general Santa Anna se convirtió en **presidente** de México en 1831. Estaba molesto con los **colonos** de Texas que querían la **independencia**.

El general Santa Anna quería echar a los colonos de Texas. Planeó un **ataque** sorpresa. El ejército mexicano marchó hacia el norte atravesando tormentas invernales.

11

Antes de la batalla

El general Santa Anna condujo al ejército mexicano hacia el sur de Texas. Tenía miles de soldados marchando a pie y a caballo. Llevaban pistolas y cañones.

Los texanos vieron llegar al ejército mexicano.
Todos llegaron a El Álamo. Atrancaron las
puertas y ventanas con tierra y troncos. Su
fuerte estaba listo para la batalla.

Los líderes de El Álamo

William Travis condujo a los hombres en El Álamo.
Era un abogado que se había entrenado como
soldado. No había estado en muchas batallas.

James Bowie era un **trampero** y vendedor de tierras. David Crockett, que aparece en la imagen, era un cazador y congresista por Tennessee. Ambos condujeron a los **voluntarios** hasta El Álamo.

El 23 de febrero de 1836, los soldados
mexicanos **rodearon** El Álamo. Por trece días
cavaron **trincheras** y se acercaron aun más.
También dispararon al fuerte con cañones.

16

William Travis tenía menos de 200 combatientes
para **defender** El Álamo. Necesitaba más hombres.
Envió jinetes con cartas pidiendo que **voluntarios**
vinieran a ayudar.

Comienza la batalla

A primera hora del 6 de marzo de 1836, el ejército mexicano **atacó** El Álamo. Más de 1,500 soldados mexicanos se lanzaron hacia el **fuerte** en largas filas.

Los soldados mexicanos atacaron el fuerte por sus cuatro lados al mismo tiempo. El combate fue duro y rápido. Los texanos mataron e **hirieron** a muchos hombres de Santa Anna.

19

El último combate

Cientos de soldados mexicanos escalaron los muros de El Álamo. Los **colonos** texanos lucharon valientemente, pero ¡había demasiados soldados con los que luchar!

Los soldados mexicanos tomaron control de la batalla. En noventa minutos la lucha había terminado. La mayoría de los texanos había muerto. El ejército mexicano ganó la batalla de El Álamo.

¡Recuerden El Álamo!

Tras la batalla de El Álamo, muchos **colonos** texanos estaban furiosos. Seis semanas más tarde Sam Houston y sus hombres **atacaron** al ejército mexicano. Gritaron: "¡Recuerden El Álamo!"

El ejército mexicano fue **derrotado**. Por diez años la República de Texas fue **independiente**. El 19 de febrero de 1846, Texas vino a formar parte de los Estados Unidos.

El Álamo se convierte en santuario

Después de que el ejército mexicano regresó a México, el ejército de los Estados Unidos utilizó El Álamo como **almacén**. Más tarde, el Estado de Texas lo usó como una tienda.

Desde 1905, El Álamo ha sido un **santuario**.
Nos recuerda a los hombres que murieron
luchando por la **libertad**.

Una visita a El Álamo

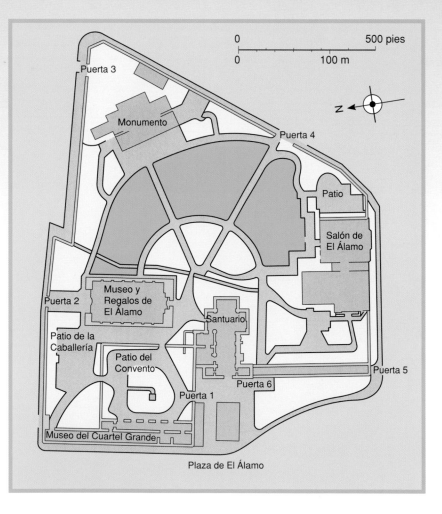

Dos edificios del antiguo **fuerte** de El Álamo todavía están en pie. Son el **Santuario** y el Cuartel Grande. En el Santuario se puede ver el chaleco de David Crockett o un anillo que llevaba William Travis.

The monument bears the following inscribed names:

JAMES BOWIE · JESSE B. BOWMAN · DAN
OR · SAMUEL C. BLAIR · WILLIAM BLAZEBY · JAMES BUTLER BONHAM · ROBERT CROSSMAN · DAVID P. CUMI
TLE · HENRY COURTMAN · LEMUEL CRAWFORD · DAVID CROCKETT · ROBERT EVANS · SAMUEL B. EVANS · JAMES
ANDREW DUVALT · CARLOS ESPALIER · GREGORIO ESPARZA · ROBERT EVANS · JAMES C. GWIN
· JOHN CALVIN GOODRICH · ALFRED CALVIN GRIMES · JOSE MARIA GUERRERO · JAMES C. GWIN
THOMAS JACKSON · GREEN B. JAMESON · GORDON C. JENNINGS · LEWIS JOHNSON · JOHN JONES

Los objetos nos recuerdan a estos valientes hombres. En El Álamo hay también una **escultura**, o un **monumento**. Muestra a algunos de los hombres que allí lucharon.

27

Archivo de datos

El Álamo

★ "Álamo" es el nombre de un árbol. En aquélla época, los árboles de álamo eran comunes en esa zona.

★ Para proteger a El Álamo, los texanos acolchonaron los muros del **fuerte** con tierra. Los muros tenían que ser tan gruesos como la longitud de un automóvil para detener una bala de cañón.

★ William Travis disparaba un cañón por la mañana, al mediodía y por la noche. Esto servía como señal a los **colonos** de que El Álamo no había sido tomado por los mexicanos.

★ Durante los 13 días del ataque a El Álamo, los mexicanos dispararon más de 300 balas de cañón contra los muros del fuerte.

★ En 1960 se hizo una película sobre El Álamo, con John Wayne como Davy Crockett. La foto en la página 12 es de esta película.

Línea cronológica

El Álamo

★ 1718   Los españoles construyen la **misión** de San Antonio de Valero

★ 1744   Termina la construcción del Cuartel Grande

★ 1762   Finalizan los trabajos en la iglesia de la misión

★ 1833   Santa Anna se convierte en **presidente** de México

★ 1836   Batalla en el Álamo de 13 días con Santa Anna y el ejército mexicano

★ 1836   Sam Houston **derrota** al ejército mexicano en San Jacinto. Texas se hace **independiente**.

★ 1846   Texas se convierte en el estado número 28

★ 1883   El Estado de Texas compra la iglesia

★ 1903   Las Hijas de la República de Texas salvan los edificios de El Álamo y comienzan a trabajar para **restaurarlos**

★ 1905   El Álamo se convierte en **santuario**

Glosario

acre superficie de tierra casi del tamaño de un campo de fútbol americano

almacén edificio que se usa para guardar suministros

atacar comenzar a luchar

colono alguien que viaja a un lugar nuevo y allí construye un hogar

defender mantener a alguien o algo seguro, fuera de peligro

derrotar vencer a alguien o ganar una batalla

escultura algo tallado o hecho de roca, madera, metal, mármol o arcilla

fuerte edificio sólido, construido para soportar un ataque

herir causar daño a alguien

independencia que no pertenece a otra persona o país

libertad tener el derecho a hablar, comportarse o moverse como se quiera

misión iglesia u otros edificios donde los misioneros viven y trabajan

monumento algo que se construye para ayudar a la gente a recordar a una persona o un suceso

presidente persona elegida por el pueblo de un país para ser su líder

religión sistema de creencia

restaurar devolver a su condición original

rodear estar por todos los lados de algo

santuario lugar que sirve para recordar hechos o personas importantes

trampero alguien que vive de atrapar animales salvajes, normalmente por sus pieles

trinchera zanja estrecha y larga que sirve para proteger a los soldados en una batalla

voluntario persona que ofrece su ayuda sin que le paguen

Otros libros para leer

Bredeson, Carmen. *Texas (Rookie Español)*. Children's Press, 2005.

Harper, Josephine. *Como los perros de la pradera*. Turtle Books, 1998.

Un lector mayor te puede ayudar con este libro:
Sorensen, Lynda. *El Álamo*. Vero Beach, Fla.: Rourke, 1994

Visitar El Álamo

El Álamo abre todos los días del año excepto Nochebuena (24 de diciembre) y Navidad (25 de diciembre). El horario de apertura es de 9:00 a.m. a 5:30 p.m. de lunes a domingo, y de 10:00 a.m. a 5:30 p.m. los domingos. No hay que pagar para visitar El Álamo. Hay charlas sobre la historia cada 30 minutos, excepto a la hora del almuerzo.

Para pedir un folleto y un mapa de El Álamo, escribe a esta dirección:

The Alamo
P.O. Box 2599
San Antonio, TX 78299.

Índice